Betten · Das Schicksal nennt keine Gründe

Lioba Betten

Das Schicksal nennt keine Gründe

Grabsprüche
auf Münchner Friedhöfen

Buchendorfer Verlag

© Buchendorfer Verlag, München 2003
Alle Rechte vorbehalten

Satz: AB multimedia GmbH, Oberding
Repro: Repro Mayrthaler, München
Druck: Druckerei Steinmeier, Nördlingen
Printed in Germany

ISBN 3-937090-07-X

Inhalt

Grabsprüche auf Münchner Friedhöfen 7

Das Schicksal nennt keine Gründe 10

Ein Herz steht still, wenn Gott es will 23

Dir der Friede – uns der Schmerz 38

Töne verhallen – die Harmonie bleibt 48

Liebe ist unsterblich 60

Es war kein Zug vergebens
  im Schachspiel Deines Lebens 72

Schlaf ist mein Glück,
  drum weck mich nicht, sprich leise 94

Der Tod geleitet uns
  hinein in neues Leben 112

Erläuterungen 124

Die Friedhöfe 127

Die Fotografin und Autorin 128

SAG DEINER SEELE,
SIE SOLL IHR
SCHÖNSTES KLEID
TRAGEN HEUTE ABEND.
SAG IHR, ES IST SO WEIT.
WAS NUN GESCHIEHT,
FÜHRT NÄHER ANS LICHT.

Grabsprüche auf Münchner Friedhöfen

Friedhöfe – die Gärten der Toten.
Orte des Friedens und der Ruhe,
Orte der Würde und der Stille,
Orte in der Natur unter freiem Himmel,
Orte des Schmerzes und der Tränen,
Orte der Erinnerungen und des Gedenkens,
Orte des Glaubens ...

Friedhöfe – auf vielfältige Weise laden sie die Lebenden ein, ihre Toten zu bestatten, sie zu betrauern, sie zu besuchen, mit ihnen Kontakt und Zwiesprache zu halten. Jeder Friedhof hat seine eigene Geschichte, seine Umgebung, seine Landschaft, seine unverwechselbaren Anlagen, seine individuellen Gräber und seine Toten.

Schon in meiner Jugend haben mich Friedhöfe an vielen Orten, später in aller Welt und während der vergangenen Jahre in München angezogen. Die großen und kleinen Münchner Friedhöfe, sie alle verdienen Erwähnung und Würdigung, ich betrachte jeden einzelnen als lebendiges Gesamtkunstwerk! Der Älteste befand sich seit 1170 um die St. Peters-Kirche herum, spätere Grabplatten mit Inschriften sind heute noch erhalten. Bereits 1315 wurde der »Alte Winthir-Friedhof« in Neuhausen als erster Begräbnisort urkundlich erwähnt, ab und zu finden dort heute noch Beerdigungen statt. Der 1563 eingerichtete Alte Südfriedhof war im 19. Jahrhundert Zentralfriedhof der Stadt und wird mit seinen unzähligen Gräbern und Grabstätten berühmter Bürger heute als »Freilichtmuseum« und als »Münchner Geschichtsbuch« bezeichnet. Mit der Eröffnung des Waldfriedhofes im Jahre 1907 ging die Stadt München wegweisend in die Geschichte der Friedhofsreformbewegung in Deutschland ein. 1977 wurde der weitläufig und kunstvoll gestaltete Neue Südfriedhof eingeweiht und die neueste Erweiterung des Riemer Friedhofs erfährt auf Grund ihrer außergewöhnlichen Raum- und Landschaftsarchitektur sowohl Lob als auch Kritik von Bürgern und Fachleuten.

Die vielen wunderbaren Münchner Friedhöfe mit ihren Gebäuden und Plätzen, Alleen und Wegen, Brunnen und Teichen mit ihrem jahreszeitlich wechselnden Angebot der Natur und mit ihrer Garten- und Steinkunst, mit ihren Ruhestätten für die Verstorbenen und nicht zuletzt mit den Menschen, die berufsmäßig dafür zuständig sind, dass »der Betrieb läuft«, sie sind Welten für sich, in denen wir unsere Freizeit eher selten verbringen.

Gehen wir jedoch einmal ohne besondere Absicht in einer dieser stillen Welten spazieren, so können wir für eine Weile das alltägliche Treiben und die Enge der Großstadt vergessen und in eine andere Stimmung geraten. Wir erleben Friedhofskultur, sehen Grabmalkunst von Steinmetzen und Bildhauern und erfreuen uns an Garten- und Parkgestaltungen. Unser Gang entspannt sich, unsere Schritte werden langsamer, der Atem tiefer und die Sinne schärfer. Unser Geist beruhigt sich und wir beschäftigen uns mit Belangen, die weit hinausgehen über das Hier und Jetzt. Und wir werden dabei so manche Entdeckung machen.

Grabsprüche zum Beispiel – bei einem Gang über den Friedhof am Perlacher Forst entdeckte ich den schlichten Marmorstein mit der Inschrift »Das Schicksal nennt keine Gründe«. Sowohl von seiner Unnahbarkeit, von seiner abweisenden Härte als auch von seiner Hinterfragbarkeit provoziert er zum Nachdenken und er inspirierte mich, auf die Suche nach weiteren Grabsprüchen zu gehen. Diese Suche führte mich während eines Jahres auf fast alle Münchner Friedhöfe und wurde zu einer spannenden und vielseitigen Tätigkeit.

Grabsprüche sind Raritäten, vielleicht ein wenig aus der Mode gekommen. Nur wenige Menschen suchen sich zu Lebzeiten einen Grabspruch aus und Hinterbliebene vermögen dies selten. Auf den meisten Grabsteinen finden wir die Namen der Verstorbenen, ihre Geburts- und Sterbedaten, manchmal eine Berufsbezeichnung eingemeißelt oder aufmontiert. Künstlerisch oder mit persönlichen Ideen gestaltete Steine erwecken unsere Aufmerksamkeit, wir begegnen Kreuzen mit figürlichen Darstellungen, hier und da versteinerten Engeln. Die Vielfalt der Grabsteine, oft eng nebeneinander in Grabfeldern oder vor Urnenhecken platziert, ergibt sich aus ihrer Herkunft, ihrem natürlichen Material (Kalkstein, Sandstein, Marmor …), aus ihrer Beschaffenheit (Farbe, Struktur, Maserung …) sowie aus ihrer Bearbeitung und Gestaltung

(Schliff, Gravur, Schrift ...). Die Sprüche schließlich verleihen jedem Grabstein besondere Anziehungskraft, lösen Denkanstöße aus und haben alle eines gemeinsam: Sie geben letzte Hinweise und werfen ein dauerhaftes Abschiedslicht auf das Leben der Verstorbenen. Ob aus der Bibel entnommen, aus der Literatur oder aus dem Volksgut, ob aus der Familientradition oder ganz persönlich ausgedacht, sie charakterisieren die Toten, vermitteln Trauernden und Hinterbliebenen Erinnerungen, Trost, Liebe und Hoffnung, und sie geben sogar Fremden die Gelegenheit, sich etwas länger vor diesen Steinen aufzuhalten. Beim Lesen eines Grabspruches halten wir inne, erahnen etwas von vergangenem Leben, gedenken der Toten und spekulieren, in welchem Umfeld sie lebten... In den Sprüchen, Versen oder Worten werden sie lebendig, lassen unsere Fantasie schweifen, sie erzählen uns etwas und wir beschäftigen uns mit ihnen, vielleicht auch mit ihren Familien und Freunden. So gehen Leben und Tod ineinander und wir sind nicht nur »mitten im Leben vom Tod umgeben« (Martin Luther), sondern wir geraten in Gedanken nahe an eines der letzten großen Geheimnisse dieser Welt.

> Ein Volk wird danach beurteilt
> wie es seine Toten bestattet.
> Perikles

Friedhof am Perlacher Forst

Das Schicksal nennt keine Gründe

Vor diesem Grabstein stehen und diesen Spruch bedenken ..., das ist Innehalten und Eintreten in eine Welt des Schweigens, aus der keine Antwort kommt. Keine Antwort, keine Erklärungen, keine Gründe! Wohl aber Klarheit und Trost.

Das Schicksal gleicht dem Wind und dem Meer, einem verschlossenen Tor und einer unbekannten Größe. Es umgibt uns im Guten und im Schlimmen, in Freude und in Leid. Es ist uns gewiss, wir aber wissen nichts von seinen Absichten. Unsere Versuche, diesen vermeintlichen Absichten zuvorkommen oder entfliehen zu wollen, machen unser Leben schwierig und verwirren uns. Unser Schicksal vollzieht sich, so oder so, es kommt wie es kommt, wir können es nicht wissen. Manchmal überrascht es uns wie ein Blitzstrahl vom Himmel, plötzlich macht es sich bemerkbar und wir sind fassungslos und erregt.

Gerade dann ist es gut, wenn wir uns in Gedanken von ihm tragen lassen und es als ständigen Begleiter annehmen. Dann spüren wir auch in großem Kummer und tiefer Trauer Ruhe und Gelassenheit und vermögen einen unerwarteten »Schicksalsschlag« zu ertragen, zu verstehen und langsam zu überwinden. Wir werden uns auf unser eigenes Schicksal besinnen, uns auf das Wesentliche beschränken und unserem Leben gute Gedanken, Licht und Schönheit geben, denn es läuft weiter und jeder Augenblick ist kostbar.

Friedhof Solln

Es ist ein Augenblick
und alles wird verweh'n

Friedhof am Perlacher Forst

Plötzlich erhob sich ein starker Sturm
und löschte das Licht auf meinem Weg

Wie wenn ein Blatt vom Baume fällt –
So geht ein Leben aus der Welt.
Die Vögel singen weiter!

Friedhof am Perlacher Forst

Der Umkehrende

...

Es wandelt, was wir schauen,
Tag sinkt ins Abendrot,
Die Lust hat eignes Grauen,
Und alles hat den Tod.

Ins Leben schleicht das Leiden
Sich heimlich wie ein Dieb,
Wir alle müssen scheiden
Von allem, was uns lieb.

Was gäb es noch auf Erden,
Wer hielt den Jammer aus,
Wer möcht geboren werden,
Hielst Du nicht droben Haus!

Du bists, der, was wir bauen,
Mild über uns zerbricht,
Daß wir den Himmel schauen -
Darum so klag ich nicht.

...

Joseph von Eichendorff

Westfriedhof

Rasch tritt der Tod den Menschen an,
es ist ihm keine Frist gegeben;
es stürzt ihn mitten aus der Bahn,
es reißt ihn fort vom vollen Leben.
Bereitet oder nicht, zu gehen,
er muß vor seinem Richter stehen!

Friedrich von Schiller

Waldfriedhof – Alter Teil

Ostfriedhof

Die Rätsel dieser Welt
löst herrlich einst die Ewigkeit

Ostfriedhof

Der Wind wird kommen und wahllos sein.
Der Regen wird fallen ohne Erklärungen abzugeben.

Josef Hasl

Von guten Mächten
treu und still umgeben

Von guten Mächten
wunderbar geborgen,
erwarten wir getrost,
was kommen mag.
Gott ist bei uns am
Abend und am Morgen
und ganz gewiß
an jedem neuen Tag.

Lass warm und hell
die Kerzen heute flammen,
die du in unsre Dunkelheit gebracht,
führ, wenn es sein kann,
wieder uns zusammen.
Wir wissen es,
dein Licht scheint in der Nacht.

Dietrich Bonhoeffer

Friedhof Untermenzing

Ein Herz steht still, wenn es Gott will

Vater unser im Himmel.
Geheiligt werde dein Name.
Dein Reich komme.
Dein Wille geschehe,
wie im Himmel, so auf Erden.
Unser tägliches Brot gib uns heute.
Und vergib uns unsere Schuld,
wie auch wir vergeben unseren Schuldigern.
Und führe uns nicht in Versuchung,
sondern erlöse uns von dem Bösen.
Denn dein ist das Reich und die Kraft
und die Herrlichkeit in Ewigkeit.
Amen.

Neues Testament

Westfriedhof

Ostfriedhof

Gottes Wille kennt kein Warum

Friedhof Obermenzing

Meine Zeit liegt in Deinen Händen

Der Tod eines geliebten Menschen
ist die Rückgabe einer Kostbarkeit,
die Gott uns geliehen hat.

Neuer Südfriedhof

Waldfriedhof – Alter Teil

Sei getreu bis in den Tod
so will ich dir die Krone des Lebens geben

Friedhof Untermenzing

Auf Ewig bei dem Herrn

Ich glaube an Gott, den Vater, den Allmächtigen,
den Schöpfer des Himmels und der Erde,
und an Jesus Christus,
seinen eingeborenen Sohn, unsern Herrn,
empfangen durch den Heiligen Geist,
geboren von der Jungfrau Maria,
gelitten unter Pontius Pilatus,
gekreuzigt, gestorben und begraben,
hinabgestiegen in das Reich des Todes,
am dritten Tage auferstanden von den Toten,
aufgefahren in den Himmel.
Er sitzt zur Rechten Gottes, des allmächtigen Vaters,
von dort wird er kommen,
zu richten die Lebenden und die Toten,
ich glaube an den Heiligen Geist,
die heilige christliche Kirche,
Gemeinschaft der Heiligen,
Vergebung der Sünden,
Auferstehung der Toten
und das ewige Leben.
Amen.

Apostolisches Glaubensbekenntnis

Friedhof Haidhausen

Friedhof Pasing

Das Allerinnerste
hält Gott in seinen Händen

Friedhof Obermenzing

Es geht kein Mensch über die Erde,
den Gott nicht liebt.

Friedrich von Bodelschwingh

Herbst

Die Blätter fallen, fallen wie von weit,
als welkten in den Himmeln ferne Gärten;
sie fallen mit verneinender Gebärde.

Und in den Nächten fällt die schwere Erde
aus allen Sternen in die Einsamkeit.

Wir alle fallen. Diese Hand da fällt.
Und sieh dir andre an: es ist in allen.

Und doch ist Einer, welcher dieses Fallen
unendlich sanft in seinen Händen hält.

Rainer Maria Rilke

Waldfriedhof Solln

Dir der Friede – uns der Schmerz

Verstorbene haben Leben und Sterben hinter sich, im Tod sind sie frei. Frei von den Nöten und Mühseligkeiten des Daseins, frei von glücklichen und unglücklichen Zeiten, frei vom Leben, das man früher als Jammertal schlechthin bezeichnete. Wir Lebenden wünschen den Toten Ruhe und vor allem Frieden. »Ruhe in Frieden«, so steht es seit Jahrhunderten auf Grabsteinen geschrieben. Mit diesem Wunsch erhoffen auch wir uns Frieden mit unseren Toten, Freispruch von schlechtem Gewissen und von Unerledigtem. Der Friedenswunsch beinhaltet Sehnsucht und die Zuversicht, dass für die Verstorbenen alles gut wird. Uns bleibt der Schmerz des Verlustes. Je näher uns ein verstorbener Mensch stand, desto stärker wird uns sein Tod schmerzen und unsere Trauer hervorrufen. Mit dem Schmerz ziehen vergangenes Glück und die Gedanken an die Unwiederbringlichkeit immer und immer wieder an uns vorbei. Oft meinen wir es nicht mehr aushalten zu können, wir möchten dem geliebten Menschen nachsterben. Unsere Einsamkeit trennt uns nicht nur von den Verstorbenen sondern auch von anderen Menschen. Wir fliehen vor dem Leben, suchen die Nähe der Verstorbenen in unseren Gedanken und an ihren Gräbern. Eine nicht enden wollende Flut von Traurigkeit umgibt uns, solange bis sich die Spannung eines Tages löst, bis wir Trost annehmen können und uns von unserer tiefen Trauer entfernen. Dann verwandelt sich der Schmerz in eine ruhigere Betrachtung des Todes, und wir können uns langsam und um einiges bereichert wieder mit unseren Mitmenschen und anderen Dingen beschäftigen.

Friedhof am Perlacher Forst

Friedhof Sendling

Friede

Friedhof Haidhausen

Ihr habt den Frieden

Im Grab ist Ruh'
Im Leben Schmerz.
Drum schlummre sanft
Du edles Herz!

Friedhof Neuhausen

Waldfriedhof Solln

Wenn ich eine Blume schaue,
weint mein Herz:
»Du siehst sie nicht«.
Wenn ich meine Worte baue,
klagt mein Herz:
»Du hörst sie nicht«.
Wenn die Hand ins
Leere tastet, tröstest du:
»Ich bin dir nah«.
Wenn das Leid mich überlastet, flüsterst du:
»Ich weiß es ja!«

Der Schmerz ist ein heiliger Engel,
durch ihn sind mehr Menschen größer geworden
als durch alle Freuden der Welt.

Adalbert Stifter

Waldfriedhof – Alter Teil

Töne verhallen – die Harmonie bleibt

Beim Anblick dieses einheitlich und leicht gestalteten Grabsteins »sehen« wir Musik und wir »hören« Töne! Ob sie in uns Klangspuren und Melodien vergangenen Lebens anstimmen und sodann wieder verhallen? Einzelne Töne, auch Misstöne werden verschwinden. In den zwei Worten begegnet uns viel vom Zauber des Vergänglichen, der sich beim Weiterlesen des Spruches durch die Kraft unseres Geistes in etwas Wunderbares verkehrt: in die Erinnerung an Harmonie, an ein Gesamtwerk, an einen Menschen in seiner Ganzheit. Durch die Erinnerung und mit Hilfe der Kunst, der Poesie und der Musik versuchen wir die Vergänglichkeit des Lebens zu überwinden. Wir können uns an die Toten in ihrer Ganzheit erinnern, sie sind in unseren Gedanken bei uns, unversehrt, nichts ist verloren. Obwohl sie tot sind sind wir mit ihnen verbunden, wir können sie in unser Leben einbeziehen. Die Harmonie bleibt, alles andere verklingt. Wir vergessen vieles, aber unsere Erinnerung an einen Menschen in seiner einmaligen ihm eigenen Wesensart wird uns bleiben. Und wenn es die Erinnerung an Glück ist, so ist dies Glück und es lässt uns lächeln.

Westfriedhof

Westfriedhof

Geliebt, beweint und unvergessen

Neuer Südfriedhof

Erinnerungen, die unser Herz berühren,
gehen niemals verloren

Die Erinnerung ist das einzige Paradies,
aus welchem wir nicht getrieben werden können.
Sogar die ersten Eltern waren nicht daraus zu bringen.

Jean Paul

Friedhof am Perlacher Forst

Westfriedhof

Du bist immer bei uns

Westfriedhof

Nichts ist verloren was war.

Der Tod ist das Ende eines Lebens,
aber nicht das Ende einer Verbindung,
die in den Gedanken der Überlebenden
erhalten bleibt.

Friedhof am Perlacher Forst

Leuchtende Tage

Ach, unsre leuchtenden Tage
Glänzen wie ewige Sterne.
Als Trost für künftige Klage
Glüh'n sie aus goldener Ferne.

Nicht weinen, weil sie vorüber!
Lächeln, weil sie gewesen!
Und werden die Tage auch trüber,
Unsere Sterne erlösen!

Ludwig Jacobowski

Waldfriedhof – Alter Teil

Liebe ist unsterblich

Liebe ist überall:
   in der Geburt, im Leben, im Sterben, im Tod
Liebe ist überall:
   im Krieg, im Frieden, auf der ganzen Welt
Liebe ist überall:
   Gottesliebe – Menschenliebe
Liebe wird immer überall sein:
   Liebe in einer neuen Dimension
   Liebe in Ewigkeit

Liebe ist stärker als der Tod

Friedhof Pasing

Friedhof Aubing

Unvergessen in unseren Herzen

Waldfriedhof – Alter Teil

Grenzstein des Lebens – aber nicht der Liebe

Was wir bergen
in den Särgen
ist der Erde Kleid.
Was wir lieben
ist geblieben,
bleibt in Ewigkeit.

Friedhof Nymphenburg

St. Anna-Friedhof Schondorf/Ammersee

»Ein Herz« hat aufgehört zu schlagen

Ostfriedhof

Das Leben vergeht – die Liebe bleibt

Westfriedhof

Hier ruht umgeben
von unendlicher Liebe

Friedhof am Perlacher Forst

Die Liebe höret nimmer auf,
sie überdauert Tod und Grab

Leben
ist vergänglich –
Liebe
unsterblich

Friedhof Untermenzing

Es war kein Zug vergebens
im Schachspiel Deines Lebens

Unter den Grabsprüchen sind diejenigen, die etwas über die Verstorbenen aussagen oder solche, die ihnen selbst noch eine kleine Mitteilung auf den Weg geben möchten am häufigsten zu finden. Dabei ist der Grabstein oft sehr kostbar und künstlerisch gestaltet, die eingemeißelte Inschrift sieht immer gepflegt aus und der Grabplatz wird jahreszeitlich geschmückt. Die Sprüche sind es dann, die die Gräber mit ihren Steinen so unverwechselbar machen. Jeder Spruch ist einmalig und bezieht sich ausschließlich auf den verstorbenen Menschen. Für Hinterbliebene, die diese Sprüche in den meisten Fällen ausgesucht haben, um ihre Toten »kenntlich« zu machen, bedeuten sie in ihren Aussagen Nähe und Vertrautheit. Man erinnert sich sofort an die verstorbenen Eltern mit ihren besonderen Eigenschaften, an den Vater mit seinem geliebten Beruf, an eine liebevolle Freundin, an die zu jung verstorbene Tante oder an ein Kind... Die Toten werden auf diese Weise dauerhaft geehrt und Friedhofsbesuchern werden sie vorgestellt, so wie in ihrem vergangenen Leben.

Ostfriedhof

Hier begraben liegt eine gute und wichtige Frau.
In ihren Taten wirkte sie ehrlich und bescheiden.
Sie streckte den Armen ihre beiden Hände entgegen
und vollbrachte viele Wohltaten an ihnen.
Auf dem Wege verlor sie ihre Seele
und kehrte zu ihrer Erde zurück.

Neuer Israelitischer Friedhof

Friedhof Riem

Sie war eine wundervolle Frau
Gott segne Sie

Ostfriedhof

O' Herr im Himmel, es ist zu Ende.
Er war so gut und lieb,
nimm ihn auf in Deine Hände.

In's Herz haben wir dich geschlossen,
du kannst da nicht mehr raus,
den Schlüssel haben wir verloren,
möchten wir ihn nicht suchen.

Mama und Papa

Friedhof Sendling

Friedhof am Perlacher Forst

Was wir an Dir verloren, das weiß nur Gott allein,
der Dich zu sich beschieden, vielliebes Mütterlein.

Friedhof Aubing

Du starbst uns viel zu früh und wirst so schwer vermißt,
Du warst so lieb und gut, daß man dich nie vergißt.

Sie war unser kleiner Engel
auf Erden,
im Himmel
wird sie über uns wachen!

Nordfriedhof

Ach, unsre Eltern sind nicht mehr!
Ihr Platz in unserm Kreis ist lehr,
Sie reichen uns nicht mehr ihre Hand,
Der Tod zerriß das schöne Band.

Mein Jesus Barmherzigkeit
Süßes Herz Maria, sei meine Rettung.

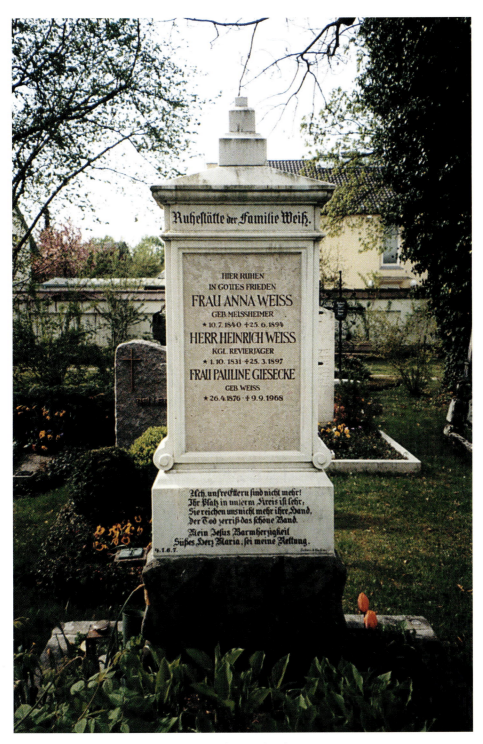

Friedhof Nymphenburg

Alda ligt begraben
Herr Gabriel Luz
gewester Statt-Rhatdienner alhier,
der den 10. September 1715 gestorben.
Nun verleihe ihm Gott die Ewige Rueh.
Amen.

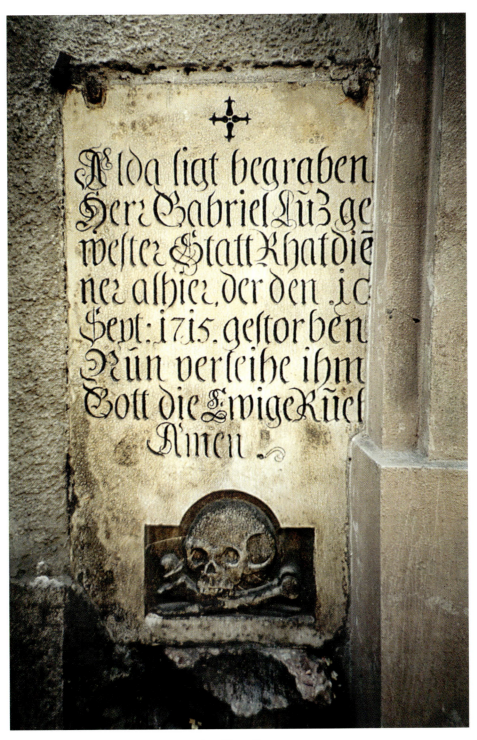

Am Alten Peter

Treu der Natur, fest hängend nur an Wahrheit
In seinem Aug, das Licht der inneren Klarheit
Gerad und unermüdlich treu im Lauf
So kannt ihn Gott und nahm ihn liebend auf.

Alter Südfriedhof

Westfriedhof

Die Tat ist alles, nichts der Ruhm.

Johann Wolfgang von Goethe

Alter Südfriedhof

Ein Meister der ersann
Geselle der was kann
und Lehrling jedermann.

Traurig blicken die Verwandten
Deiner ird'schen Hülle nach;
Alle weinen, die dich kannten,
Daß so früh dein Leben brach.

Friedhof Lochhausen

Schlaf ist mein Glück
drum weck mich nicht, sprich leise

Die hier als Grabspruch gewählte Adaption des Austausches zweier großer Künstler zur »Nacht«-Skulptur des Michelangelo mag eine Beziehung zu der Sehnsucht nach der letztendlich unantastbaren Grabesruhe eines Menschen und zu dem Wunsch nach Glück im ewigen Schlaf ausdrücken Ob Grabsprüche je gedeutet oder gar verstanden werden können? Die Frage erhebt sich besonders dann, wenn es sich um Sprüche handelt, die sich Verstorbene einst selbst ausgesucht oder geschrieben hatten. Vielfach weisen diese Sprüche auf ihre Vorlieben im Bereich der Literatur, der Kunst, der Musik, des Sports oder des Glaubens hin, oder auf Schwierigkeiten, die ihnen das Leben bereitete. Oft erfahren wir etwas aus ihrer Arbeitswelt, in der sie glücklich waren. Bei genauer Betrachtung dieser Gräber kann man fast immer vermuten, dass es sich bei den Verstorbenen um Menschen handelte, die ihre Aufgaben ernst und genau nahmen, die zufrieden und gut mit sich selbst im Einklang lebten und deren Wesen von Geborgenheit und Gelassenheit geprägt war. Wer kann es ahnen?

Friedhof Obermenzing

Friedhof am Perlacher Forst

Hier ruhe ich in ewiger Stille,
das war schon immer mein Wille

Neuer Südfriedhof

Mein letzter Marathon

Mein Leben auf
Erden
war Dienst bei
Priestern.
Mit ihnen, Herr,
laß mich
auferstehen
zum ewigen
Leben!

Kyrie eleison!

Waldfriedhof – Alter Teil

Anfangs wollt ich fast verzagen,
Und ich glaubt' ich trüg' es nie,
Und ich hab' es doch getragen, –
Aber fragt mich nur nicht, wie?

Heinrich Heine

Friedhof am Perlacher Forst

Neuer Israelitischer Friedhof

Vorbei ist's nun mit Qual und Harm,
Vorbei mit eitlem Streben.
An Mühen reich, an Freuden arm
Entfloh mein ganzes Leben.
Ein kleiner Hügel wölbt sich hier
Und wärmt mir die Gebeine.
So schwer ist nicht der Hügel mir
Als drückten Marmorsteine.
So war ich denn und bin nicht mehr!
Bin meiner Haft entronnen.
Du Welt so voll und doch so leer,
Du hast an Staub gewonnen.

Friedhof Sendling

Die schönste Zeit unseres Lebens war,
in der wir gemeinsam arbeiten durften.

Waldfriedhof – Alter Teil

Schaffen und Streben war unser Leben

Nenie

Auch das Schöne muß sterben! Das Menschen und Götter bezwinget,
nicht die eherne Brust rührt es des stygischen Zeus.
Einmal nur erweichte die Liebe den Schattenbeherrscher,
und an der Schwelle noch, streng, rief er zurück sein Geschenk.
Nicht stillt Aphrodite dem schönen Knaben die Wunde,
die in den zierlichen Leib grausam der Eber geritzt.
Nicht errettet den göttlichen Held die unsterbliche Mutter,
wenn er, am skäischen Chor fallend, sein Schicksal erfüllt.
Aber sie steigt aus dem Meer mit allen Töchtern des Nereus,
und die Klage hebt an um den verherrlichten Sohn.
Siehe, da weinen die Götter, es weinen die Göttinnen alle,
daß das Schöne vergeht, daß das Vollkommene stirbt.
Auch ein Klaglied zu sein im Mund der Geliebten, ist herrlich,
denn das Gemeine geht klanglos zum Orkus hinab.

Friedrich von Schiller

Friedhof Nymphenburg

Unter Straßensteinen
warten viele Blumen,
die vom Blühen träumen:
warten, daß mein Fuß
einmal nicht mehr geht.

Joachim Fernau

Friedhof Bogenhausen

Alhier ligt begraben der
Ehrngeachte Joßeph Sedlmayr,
Bürger und so genanter Traxl-pockh;
welcher gestorben den 20. November Anno 1705
seines Alters in 65. Jahr.
Wie auch dessen Ehewurthin
Maria Theresia Sedlmayrin,
welche gestorben den 23. Junii 1768.
Und dessen Tochter Maria Anna
Sedlmayrin welche gestorben

Gott gib ihnen die Ewige Ruche
Wan ich von Würmen schon gefressen
Bitt ich noch einmahl thüet
meiner nit vergessen.

Am Alten Peter

Der Tod geleitet uns
hinein in neues Leben

Wenn unsere Eltern sterben oder uns nahestehende Menschen verstorben sind, beschäftigen wir uns mit dem Tod und mit der Zukunft nach dem Tod. Was wird sein? Wir fragen uns nach einer Zukunft, die wir nicht kennen und über die wir in diesem Leben nur Vermutungen anstellen können. Wir ahnen, dass wir im Sterbemoment eine Wandlung erfahren und nach dem Tod eine andere Existenz beginnen. Die Hoffnung, dass unser Todesengel, ein Friedensengel unsere Seele von diesem Moment an sanft in das Licht der Ewigkeit begleiten wird, mag eine der schönsten, ja anrührendsten Vorstellungen sein und uns viel von der Furcht vor dem Tod nehmen. Steinerne Engel bewachen auch unsere Gräber auf vielen Friedhöfen und verbreiten Schönheit und ewige Ruhe.

Die Spekulationen über ein Leben nach dem Tod sind so alt wie die Menschheit selbst. Alle Religionen und Kulturen bieten eine Fülle von Gedankengut dazu an, mit dem es sich zu befassen lohnt. Und – auch Grabsprüche können uns in diese großartige Gedankenwelt versetzen, wenn wir bereit sind, sie zu entdecken – auf Münchner Friedhöfen!

Waldfriedhof Grünwald

Friedhof Lochhausen

Wir haben hier keine bleibende Stadt,
sondern die zukünftige suchen wir.

Neues Testament

Waldfriedhof – Alter Teil

Herr, wohin sollen wir gehen?
Du hast Worte des ewigen Lebens!

Neues Testament

Friedhof Lochhausen

Tod ist Leben   Sterben Pforte

Friedhof Untermenzing

Was ich einst war, das seid Ihr –
Was ich jetzt bin, das werdet ihr.

Jeder Ring ist EWIGKEIT
ohne Anfang ohne Ende.
Lebe in der Zeit von Ewigkeit
zu Ewigkeit, dann bist du
wenn die Zeit vergeht,
schon drin im ewigen
LEBEN.

Westfriedhof

Die Augen der Seele

Zwei Augen hat die Seel:
Eins schauet in die Zeit.
Das andere richtet sich hin in die Ewigkeit.

Angelus Silesius

Waldfriedhof – Alter Teil

Friedhof am Perlacher Forst

Ob blind, ob sehend hier – dort sind wir Licht.

Friedhof Pasing

Bis wir uns wiedersehen

Erläuterungen

Titelseite: Nordfriedhof, Eingang Ungererstraße am U-Bahnhof.

1. Vorsatzblatt (I): Im Friedhof Neuhausen (»Alter Winthir-Friedhof«).

2. Vorsatzblatt (II): Im Friedhof Obermenzing.

Seite 6: »Sage deiner Seele...«, Spruch von Ursula Auer, München, am Grab der Familie Auer im Friedhof Nymphenburg.

Seite 9: Perikles (nach 500–429 v. Chr.), griechischer Staatsmann und Philosoph.

Seite 16: »Der Umkehrende«, Gedicht von Joseph von Eichendorff (1788–1857) in: Sämtliche Werke. Geistliche Gedichte. Erste Abteilung.

Seite 18: »Rasch tritt der Tod...«, Vers von Friedrich von Schiller (1759–1805) in: Wilhelm Tell, 4. Aufzug, 3. Szene (1804).

Seite 21: »Der Wind wird kommen...«, Spruch von Josef Hasl (1930–1995) als Motto zu seinem Lyrikband »Atemspur«, 1978.

Seite 22: Dietrich Bonhoeffer (1906–1945), evangelischer Theologe, als Mitglied der »Bekennenden Kirche« und Widerstandskämpfer hingerichtet.

»Von guten Mächten...«, 7. und 5. Strophe des 1944 im Gefängnis an seine Verlobte geschriebenen Textes. 1959 von Otto Abel und 1970 von Siegfried Fietz vertont.

Seite 24: »Vater unser...«, in: Neues Testament, Matthäus 6,9–13.

Seite 27: »Meine Zeit...«, in: Altes Testament, Psalm 31,16.

Seite 30: »Sei getreu...«, ins: Neues Testament, Offenbarung 2,10.

Seite 35: »Es geht kein Mensch...«, Spruch von Friedrich von Bodelschwingh dem Älteren (1831–1910), evangelischer Theologe.

Seite 36: »Herbst«, Gedicht von Rainer Maria Rilke (1875–1926) in: »Das Buch der Bilder. 1. Buch, 2. Teil (1902).

Seite 46: »Der Schmerz...«, Spruch von Adalbert Stifter (1805–1868) sinngemäß in: »Zwei Schwestern" (1845).

Seite 49: Zum Spruch »Töne verhallen...«, es war Goethe (1749–1832), der die Architektur einmal »eine verstummte Tonkunst« genannt und das Bild so erklärt hat.

Seite 52: »Erinnerung«, Spruch von Jean Paul (1763–1825) als Impromtü [Nr.] 29 in: Taschenbuch für Damen auf das Jahr 1812.

Seite 57: »Der Tod ist das Ende...«, Spruch von einem Mitglied der Familie Maynollo, München–Wien.

Seite 58: »Leuchtende Tage«, Gedicht von Ludwig Jacobowski (1868–1900)
in: Gesammelte Werke in einem Band,
Lyrik: Leuchtende Tage, Neue Gedichte (1896–1899).

Seite 70: »Die Liebe...«, in: Neues Testament, 1. Korinther 13,8.

Seite 90: »Die Tat ist alles...«, Spruch von Johann Wolfgang von Goethe (1749–1832)
in: Faust II, 4. Akt, Vers 10.188 (1832).

Seite 95: Zum Spruch »Schlaf ist mein Glück...«: Der Dichter Giovanni Strozzi
(1505–1571) schrieb 1545 auf die in der Kapelle der Medici in Florenz stehende
Skulptur »Die Nacht« des Bildhauers Michelangelo (1475–1564) folgendes
Epigramm:

»Die Nacht, die du hier siehst, im Gleichgewicht
des schönen Schlafes, bildete im Stein
ein Engel. Schlaf heißt ihr Lebendigsein.
Wenn du's nicht glaubst, so weck sie auf: sie spricht.«

Michelangelo antwortete darauf:

»Schlaf ist mir lieb, doch über alles preise
ich Stein zu sein. Währt Schande und Zerstören,
nenn ich es Glück: nicht sehen und nicht hören.
Drum wage nicht zu wecken. Ach! Sprich leise.«
(Übersetzung aus dem Italienischen von Rainer Maria Rilke).

Seite 100: »Anfangs wollt ich...«, Gedicht von Heinrich Heine (1797–1805)
in: Buch der Lieder (1827).

Seite 106: »Nenie« auch »Nänie«, Gedicht von Friedrich von Schiller (1759–1805)
in: Gedichte der dritten Periode (1799).

Seite 113: »Der Tod geleitet uns...«, Spruch von Babette Nilshon, München. Die
auf dem Grabstein links eingravierten Zeichen sind »eine mittelalterliche
Darstellung der Genesis... Der linke Kreis, vertikal geteilt, bedeutet Sonne und
Mond, Tag und Nacht. Der mittlere Kreis stellt die Erde mit dem Horizont der
Wasserfläche und dem Himmelsgewölbe dar. Im rechten Kreis finden wir durch
Übereinanderlegung der beiden Zeichen in der Durchdringung von Erde und
Licht das Symbol des Lebens.« (in: Adrian Frutiger: Der Mensch und seine
Zeichen, 1978).

Seite 114: »Wir haben...«, in: Neues Testament, Hebräer 13,14.

Seite 115: »Herr, wohin...«, in: Neues Testament, Johannes 6,68.

Seite 120: »Die Augen der Seele«, Spruch von Angelus Silesius (1624–1677)
in: Der Cherubinische Wandersmann. Drittes Buch geistreicher Sinn- und
Schlussreime [Nr.] 228 (1657).

3. *Vorsatzblatt (III):* Im Friedhof am Perlacher Forst.

4. *Vorsatzblatt (IV):* Im Friedhof Solln.

Rückseite: Waldfriedhof–Neuer Teil, Anatomie-Gräberanlage (errichtet 1976). Unter diesem Grabmal werden Urnen mit den Aschenresten derjenigen Menschen beigesetzt, die ihre toten Körper für die Anatomie zur Verfügung gestellt hatten. Der Spruch »Mortui vivos docent« wurde von dem niederländischen Gelehrten Konstantin Huygens (1596–1687) geprägt und über den österreichischen Pathologen Karl von Rokitansky (1804–1878) im deutschsprachigen Raum, z. B. als Inschrift über Eingängen zu Anatomischen Anstalten verbreitet. Er soll daran erinnern, dass die Ausbildung in der Anatomie für den Ärztenachwuchs unerlässlich ist.

Die Friedhöfe

Alter Südfriedhof 88, 91
Am Alten Peter 87, 111
Am Perlacher Forst 10, 13, 15, 39, 53, 57, 70, 80, 96, 100, 122, Nachsatz III
Aubing 44, 62, 81
Bogenhausen 108
Haidhausen 33, 41
Lochhausen 93, 114, 116
Neuer Israelitischer Friedhof 74, 102
Neuer Südfriedhof 29, 51, 97
Neuhausen Vorsatz I, 43
Nymphenburg 3, 65, 85, 107
Nordfriedhof Titelseite, 83
Obermenzing Vorsatz II, 27, 35, 95

Ostfriedhof 20, 21, 26, 67, 73, 77
Pasing 34, 60, 123
Riem 76
Sendling 40, 78, 104
Solln 12, Nachsatz IV
St. Anna-Friedhof Schondorf 66
Untermenzing 23, 31, 71, 117
Waldfriedhof – Alter Teil 19, 30, 47, 59, 63, 99, 105, 115, 121
Waldfriedhof – Neuer Teil Rückseite
Waldfriedhof Grünwald 112
Waldfriedhof Solln 36
Westfriedhof 16, 25, 49, 50, 54, 55, 69, 90, 118

Die Fotografin und Autorin

Lioba Betten, geboren in Göttingen, lebt seit 1973 in München. Als Diplom-Bibliothekarin leitete sie eine Stadtteilbibliothek und war Stellvertretende Direktorin der Internationalen Jugendbibliothek. Von 1990–2003 koordinierte sie ein UNESCO-Projekt für Kinderbibliotheken in Entwicklungsländern, das mit Reisen auf allen Kontinenten verbunden war. Vielfältige Fachpublikationen, Kalender und die internationale Foto-Ausstellung »Kinder lesen überall – Children read everywhere« stammen aus ihrer Hand.